INGRESOS PASIVOS CON INVERSIÓN INMOBILIARIA EN 2020

LA GUÍA PRÁCTICA PARA PRINCIPIANTES PARA RETIRARSE TEMPRANO A TRAVÉS DE LA COMPRA-VENTA RÁPIDA DE INMUEBLES (FLIPPING HOUSES), ALQUILER DE PROPIEDAD, Y LA COMPRA DE BIENES RAÍCES COMERCIALES Y RESIDENCIALES.

PABLO AVITIA

información contenida en este documento, incluidos, entre otros, - errores, omisiones o inexactitudes.

❀ Creado con Vellum

ÍNDICE

INTRODUCCIÓN

Mientras más avanza el siglo XXI no adentramos cada vez con más velocidad en la era en que el ser humano se plantea con mayor ahínco la idea de progreso, la idea de salir de la zona de confort y perfilarse como un gran empresario, esto es una cualidad maravillosa que nos ofrece esta era en particular, sin embargo, uno de los grandes planteamientos de la sociedad actual y en particular esta expresión de la sociedad de la que hablamos, es decir lo que están dispuesto a romper el molde y salir de la burbuja del estancamiento, vendría a ser, ¿en qué puedo invertir?

Esta podría ser la parte en que esta idea de progreso se nos pueda convertir en cuesta arriba, la indecisión por una parte, producto de la inseguridad normal que podría surgir por el sano temor de no hacer las cosas incorrectamente, y correr con la mala suerte de perder tu tiempo y posiblemente el único dinero con el que podrías contar para hacer las inversiones que le den el vuelco a tu vida.

Cómo dominar el negocio de bienes raíces es la guía precisa para que, si te estás haciendo este tipo de interrogantes como por ejemplo la ya mencionada ¿en qué puedo invertir? indudablemente, se requieren una serie de características o cualidades para incursionar en este negocio que no solo histórica-camente a ha sido muy productivo, sino que uno de los mejores beneficios resulta justamente eso, que se trata de una fuente inagotable de recursos comer-ciales a futuro.

La población está constantemente en un proceso de crecimiento inevitable, por ello a medida que va pasando el tiempo seguiremos encontrando mayores y mayores oportunidades en el mundo de bienes raíces, tiempos en los que ya el hombre está perfilán-dose conquistar el espacio y convertirlo en objeto de explotación turística, sería iluso pensar que el negocio de bienes raíces podría estar en vías de extinción, por el contrario, está en vías irremedia-blemente de expansión.

Y estas cualidades de las que hablamos tienen una característica que son sumamente ventajosas, entre ellas una importantísima, y no es otra cosa que, no requieren ser totalmente innatas, que de hecho son cualidades que puedes desarrollar con algo de esfuerzo en muy poco tiempo.

Aquí encontraras esas características, y la información que requieres para introducirte satisfactoriamente en este fantástico mundo de negocios como es el negocio de bienes raíces, te invito a que te pongas cómodo, toma papel y lápiz y prepárate para que logres ampliar toda la información que requieres en este sentido y decidas de una vez por todas incursionar en un fantástico negocio, que seguro estoy puede cambiar completamente el rumbo de tu vida.

ASPECTOS GENERALES

*B*ienes raíces, un negocio que en definitiva ha sido la mejor manera salir adelante de un selecto grupo de personas, y que en definitiva es un negocio que podría hacerte rico, si, y no es exagerado al decirlo, sin entrar en detalle por el momento sobre este particular, bastaría solo con mencionar que, un alto número de personas que le han entregado apasionantemente su vida a este modelo de negocio, han logrado objctivos verdaderamente increíbles en sus vidas.

Nombre muy sonados en este medio, de aquellos que lograron acumular verdaderas fortunas con este modelo de negocio, podríamos mencionar personas como: Rodrigo Niño, Gerald Cavendish, Robert

Kiyosaky, Donald Bren, y sin duda no puede dejar de mencionarse el presidente de los Estados Unidos, Donald Trump.

Estos, entre muchos otros, son un gran ejemplo de la gran capacidad de crecimiento en el ámbito financiero y de negocios que puede proveer este modelo de negocios.

Hablar de propiedades y bienes raíces como modelo de vida o de negocios no es algo necesariamente moderno, históricamente, ser dueño de una propiedad o tierras, y poder negociar o administrar de alguna forma el poder es una completa realidad.

Desde los tiempos de la prehistoria, cuando nuestros antes pasados aun Vivian en cavernas, no todos tenían el privilegio de tener una para sí, de manera que ese sentido de pertenencia estaba ya arraigado en cada individuo en particular, todo aquel que contaba con un espacio que le brindara de alguna forma cobijo contra los estragos de la naturaleza y los depredadores, defendía su espacio de ser preciso, con la vida.

La idea de propiedad privada no es algo para nada nuevo, revisando los anales de la historia egipcia, encontramos que una de las maneras de acumular el poder por parte de los faraones era sin duda alguna hacerse dueño de las tierras en su totalidad, incluso de las piedras que se utilizaban para la construcción de las propiedades eran objeto del absoluto control de dichos faraones, estos por su parte otorgaban la tierra como ellos quisieran generalmente a modo de recompensa a ciertos funcionarios, con la salvedad de que no podía ni venderlo ni dividirlo, solo podría dejarlo en herencia, pero siempre con la posibilidad de recuperar dicha tierra cuando él lo quisiera.

Es que desde la historia, las posesiones son una representación de alguna manera de poder, las riquezas siempre han estado cuantificadas en función a las posesiones, y estas por siempre han sido símbolo de grandeza y en algunos casos incluso de autoridad.

Así fue la constante en el proceso histórico del tema de las propiedades, en aquellas estructuras políticas de carácter monárquico, era esta monarquía, en la representación directa de la figura del rey, quien se adjudicaba todo el derecho de propiedad a su nombre, y eran estos exclusivamente los que manejaban la distribución del mismo, salvando el hecho de que en cada estructura monárquica en diferentes contextos (geografía o era histórica) podría tener alguna variabilidad en la forma de funcionamiento de cómo se haría la administración pertinente de dicho rubro.

En la actualidad, la figura ha mutado, se ha cambiado la figura del rey por el concepto de nación, las tierras son administración de cada nación, y sus formas de manejarlas podría variar de un contexto a otro, sin embargo, casi que en cualquier cultura moderna la tierra es un bien de libre acceso, la regulación fundamental que podría manejar el estado, es el derecho de que las tierras como tal sean exclusivas del espacio territorial que compone dicho estado.

La idea de propiedad privada entonces no es una idea moderna, pero es en nuestro contexto moderno que hemos visto una lucha más ardua por el respeto a tener acceso a la posibilidad de la propiedad privada, y es así como este mercado ha tenido un gran auge hasta el punto de permitir que muchos grandes hombre y mujeres puedan acumular grandes fortunas gracias a este modelo de negocio.

Aunque los modelos de negocio de bienes raíces son muchos y muy diversos, la estructura del mismo radica en la idea de la adquisición de tierras, o propiedades para construir edificios, casas, bodegas u otro, o de otra manera podría ser también la adquisición de dichos inmuebles en estado útil para el mismo fin.

Pero insisto, no está limitado a este estilo, las formas de manejar o desarrollar un negocio de bienes raíces puede ser de amplia variedad, estos pueden ser representados de acuerdo a ciertas características que detallaremos en seguida.

Bienes inmuebles

En primer lugar los bienes inmuebles está directamente referido a la característica principal, que se trata de algo absolutamente estático es decir que es inamovible, en este caso nos estamos refiriendo específicamente a la naturaleza misma del bien en cuestión, como el suelo, aunque no cabe duda que en un futuro no muy lejano podría tratarse incluso de un número mayor de elementos naturales que podrían ser objeto de explotación de este rubro, podrá verse cómo asuntos de ficción, sin embargo es bien sabido que empresas de gran capacidad científica y financiera están desarrollando la posibilidad de hacer inversiones espaciales con fines turísticos, empresas como SpaceX se encuentra realizando labores en función de desarrollar la posibilidad de crear un modelo sustentable donde se pueda en teoría, ir de vacaciones al espacio, este proyecto que ya ha dado pasos importantes asegura que en cien años la humanidad habrá conquistado el planeta rojo.

Sin duda que la naturaleza del negocio ira evolucionando con el paso de los años, otro de los elementos aparte del suelo es incluso el subsuelo, pues es utilizado sin duda alguna con fines altamente comerciales como la elaboración de tranvías entre otros.

Bienes muebles

Los bienes muebles se trata específicamente de aquellos que si pueden ser movidos o trasladado de su lugar, pero con característica importante está el hecho de que en dicho cambio de lugar no altere o afecte de ninguna manera la naturaleza de dicho objeto ni el inmueble de origen, estamos hablando de elementos como artefactos de cualquier naturaleza, elementos decorativos, incluso, algunas empresas están desde hace algunos años logrando mudar si es preciso la propiedad (construcciones enteras) como tal sin que esta sufra daño alguno.

Beneficios del negocio inmobiliario

Evidentemente la cantidad de beneficios que se desprende de un negocio tan sensacional deben ser muy elevadas, de lo contrario su auge no sería el que históricamente ha tenido, pero vamos a puntualizarlos para que tengas una visión más objetiva del porque resulta tan productivo incursionar en un mundo como el de los bienes raíces.

- *Constante crecimiento de la población:* si existe una excelente ventaja de este negocio indudablemente debe ser esta, la extinción de este negocio podría estar seguramente atada a la extinción de la humanidad, pero mientras exista vida en esta tierra existirá clientes para este negocio.

A diferencia de otros negocios que también podría catalogarse de alta productividad, una característica fundamental de los bienes raíces es que el derecho a una vivienda es una de las necesidades básicas del ser humano, por lo tanto en los niveles que sea, los bienes raíces representaran siempre una buena opción de negocios, es por decirlo de alguna manera, una fuente inagotable de negocio.

- *Versatilidad:* por lo antes dicho podemos mencionar también el alto nivel de versatilidad que ofrece este modelo de negocio, no se trata de un negocio rígido que este atado a una sola estructura de trabajo o una sola manera de sacar provecho, si no que existen variados mecanismos que, dentro del mismo área puede otorgar la posibilidad de ganar dinero, veamos algunos ejemplos.

Ventas: día tras día son cientos la cantidad de persona que desean vender sus inmuebles y es a través del negocio inmobiliario que deciden llevar a cabo su objetivo, aportando así grandes beneficios a la industria de los bienes raíces.

Alquileres: igualmente, existen ciertos patrones de comportamiento social por medo del cual el mercado del arriendo se ha tornado en un magnifico negocio en la actualidad, y dentro de este solo tema podríamos mencionar varios nichos que generan una magnífica fuente de negocios en el ámbito inmobiliario, como arriendos para estudiantes, el sector turismo y sus múltiples temporadas de vacaciones, oficinas, gimnasios y un muy largo etcétera.

Avalúos: estamos hablando de aquel servicio que

algunos profesionales ofrecen, estos se encargan de evaluar el costo real que puede tener una propiedad del carácter que sea para fines de alquiler o venta, este es un servicio muy solicitado por ejemplo por las entidades bancarias que sirven de prestadora para las personas que deciden adquirir una vivienda o bienes de otras características.

- *Bajos costos de inversión:* en efecto, por el modelo de negocios que representa, donde en realidad el sector inmobiliario podría iniciar como un canal o puente que hace un enlace entre un posible cliente y un posible vendedor, los gastos de inversiones son mínimos ya que no tendría, si así lo decide, que comprar productos que vender como en otros nichos, aunque sin duda empresas inmobiliarias ya consolidadas en el mercado podrían hacer inversiones muy significativas, no es esta una necesidad inicial sino más bien este sería producto del primero.

Ciertamente el negocio inmobiliario es un negocio altamente fructífero que, con baja inversión, puede ser el negocio que definitivamente cambie tu vida para siempre, claro, no significa esto de ninguna manera que no haya un precio (quizás altos o no, todo depende de cada quien), todo requiere un esfuerzo, en el caso inmobiliario existen varios precios que hay que pagar pero de ellos estaremos hablando más adelante.

2

CLAVES PARA TRIUNFAR EN ESTE NEGOCIO

*N*uestro contexto histórico se caracteriza por una cualidad interesante, y esta es que nos encontramos profundamente conectados, el nivel de información moderno se mueve a la velocidad de la luz, de manera que las novedades no están limitadas a un área geográfica específica, sino que, el conocimiento está a la orden del día.

Por ello el progreso es un tema que es conocidos casi que por todo ser humano con una media de educación, cada día estamos al tanto de los logros de modelos de negocios exitosos, y mucho están al tanto que el progreso es una realidad que nos puede alcanzar a todos.

Por lo antes dicho encontramos otra característica importante en la sociedad de hoy, una cantidad innumerable de personas que desean salir de su zona de confort y atreverse a emprender en un área que pueda brindarles la posibilidad de crecer en todo ámbito, es decir, en lo personal, en lo familiar en lo económico, etc.,

Y ¿Qué es la zona de confort? La zona de confort no es otra cosa que esa pequeña área delimitada por la mente que de alguna manera te ofrece algún tipo de estabilidad, es el área donde todo "funciona bien", donde no corres ningún peligro, esto dicho en términos de logros individuales y personales, es decir es el empleo que te da cierta estabilidad, la compañía que le resta espacio al enorme hueco que brinda la soledad entre otros.

Sin embargo existe un pequeño "gran" problema, la zona de confort es un área que no te permite crecer, que no te da la oportunidad de explotar tus capacidades y desarrollarte como persona a fin de lograr el objetivo que quizás sueñes en la vida, de manera que, sí, existe un gran peligro con la zona de confort y no es otra cosa que lo que acabamos de mencionar, la incapacidad de desarrollarte como persona y llegar a ese estado emocional que podemos llamar plenitud.

Dada esa circunstancia, encontramos una característica muy popular hoy en día, y es una enorme masa de personas que sueña con emprender y salir de la zona de confort, pero estas mismas personas tienen todas, una interrogante en común, ¿Qué puedo hacer?; lamentablemente en nuestros sistemas educativos nos enseñaron datos tan importante que solo perduraron en el grado que cursamos, pero que luego en la vida no nos sirvió absolutamente para nada más que tener un poco de información ocupando nuestra cabeza, pero nunca se incluyó alguna materia que hablara de emprendimientos, y menos aún, como emprender en un negocio que resulte exitoso.

Para muchas personas pareciera que ningún negocia podría ser verdaderamente efectivo, muchos están seguros que no nacieron para emprender en la vida, incluso llegan a defender la zona de confort como el lugar y el estado en el que realmente necesitan estar, incluso lo enseñan a sus hijos, ¿cuántas veces no escuchamos a un padre asegurarles a sus hijos que estudien para que tengan una profesión y así lleguen a ser alguien en la vida?, pareciera que es el estudio el que te da el valor de ser alguien.

No se trata de ninguna manera de algún tipo de

apología contra la deserción estudiantil, por el contrario, estamos justamente hablando de estudiar, de aprender, cualquier negocio que emprendas en la vida realmente es funcional, solo requieres tener el camino correcto para que finalmente eso que vayas a emprender sea algo que realmente funcione.

Tal es el caso de lo que nos ocupa en este momento como es el caso de los bienes raíces, desde luego que es un negocio completamente, no solo rentable, sino que podría ser la gran oportunidad de triunfar en la vida y llegar al punto donde quieres y debes llegar para poder asegurar de manera objetiva, que ya eres una persona completamente realizada.

La importancia de estudiar

Cualquiera sea el área que decidas tomar como mecanismo para desarrollar un buen negocio, requiere de una buena formación para minimizar la posibilidad de fallar en el intento (aunque las fallas siempre podrán estar a la orden del día), el área de bienes raíces sin duda que no es la excepción; el hecho de ser una persona con el mejor carisma y las mejores intenciones para emprender, no son para nada garantía de que el negocio vaya a funcionar, se hace completamente preciso que asumas con total seriedad el negocio que nos compete para poder sacar el mejor provecho.

El empirismo es un camino largo y tedioso que puede llevarnos por verdaderos dolores de cabeza y quizás frustraciones, pero, si contamos ya con un gran numero de escuelas donde ya algunos que han transitado por ese camino te pueden ahorrar el viaje, sin embargo, veamos las razones objetivas sobre porque es necesario prepararse oportunamente en el negocio de los bienes raíces.

- *La calidad del cliente:* en pleno siglo XXI con los avances del tipo que tenemos y la accesibilidad a la educación, y desarrollo del ser, un trabajador de bienes raíces debe estar a la altura, es imprescindible tener un buen nivel de conocimiento para enfrentar al cliente objetivo de nuestro negocio, y asegurarnos que cubra sus expectativas.
- *Los avances dentro del mercado:* todo negocio, del modelo que este sea, está en constante evolución, y el nicho de bienes raíces no es la excepción, cada día surgen avances interesantes que debes mantener en consideración y mantenerte actualizado por

tu bien dentro de la industria, y por el bien de tus posibles futuros clientes.

- *Manejar con fluidez el lenguaje:* y no se trata necesariamente del idioma como tal, en realidad se trata de los diferentes lenguajes que se aplican dentro del mundo de los negocios en general.

Un profesional no debe ser experto en todo, pero sin duda que si tiene que saber de todo, de manera que debes tener buenos conocimientos en asuntos legales, en temas de mercadeo, marketing web, urbanismo entre otros.

Es casi una garantía que considerando lo antes dicho estarás dando el primer paso que requieres para perfilar al mundo de los negocios, y sin duda serás un buen prospecto para alcanzar el éxito en el tema de bienes raíces para ello permíteme darte algunas recomendaciones.

Conoce tu mercado

Uno de los caminos inevitables para llegar al éxito dentro del nicho de bienes raíces, se trata sin duda alguna de conocer cada día más tu mercado, debes mantener actualizada toda la información necesaria para poder estar dentro del mercado con eficacia; toma nota de los siguientes consejos:

1. ***Procura toda la información relacionada a tu mercado:*** no se trata solo de hacer un estudio, más aun, debes mantener un constante estudios, de las características del contexto en el que se desarrollara tu negocio de bienes raíces, ampliar el conocimiento del radio de acción, los métodos del resto de agencias de tu zona de trabajo, asuntos relacionados con el tema de la ley entre otros.

2. ***Arguméntate sobre tus clientes:*** debes realizar un buen análisis de tus posibles clientes, cual es la manera más efectiva de llegar a ellos, pero más aún, actualízate respecto a aquellos interesados en vender sus inmuebles o en su defecto alquilar para que vayas creando tu carpeta de trabajo.

3. ***Conoce a tu competencia:*** debes desarrollar la buena capacidad de conocer tu competencia, estar al tanto de sus estrategias y métodos de alcanzar objetivos, aunque tu enfoque debe ser siempre superarte a ti mismo jamás en una buena idea subestimar a la competencia.

Es preciso que tengas un panorama lo más amplio posible para tener una perspectiva clara de tus posibilidades dentro del mercado, así podrás evaluar la cantidad de esfuerzo que debes dedicar a tu propósito en cuestión y elaborar así tu estrategia de trabajo, pero para tener un buen conocimiento de tu negocio debes considerar los siguientes aspectos a evaluar para tener la información que en realidad requieres para tus fines empresariales.

- *Datos sobre oferta:* la oferta inmobiliaria debe ser tu principal objetivo, pues esta es tu materia prima, la demanda en cuestión la determina la necesidad que pueda tener la población de la zona elegida de adquirir vivienda o propiedad del carácter que sea, una de las formas de acceder a esa información es estudiar la demografía de dicha zona, pues ella te arrojara los datos estadísticos sobre ofertas y demanda en dicho nicho.

- *Análisis de propiedades:* ya tienes el cliente, ahora necesitas el producto, de manera que debes lanzarte a la búsqueda de esos posibles bienes que sean objetos de oferta tanto para la venta como para alquiler, las casas que se encuentren en remate, embargos y otros, debes ampliar tu carpeta de inmobiliarios.

- *Acceso a los suelos:* la única manera de lograr cosas grandes, es pensar en grande, ya debes ir chequeando esos lotes que puedan estar en venta, siempre será bueno hacer este tipo de inversiones en los que más adelante puedas construir "tu futuro".

- *Analiza la dinámica económica:* la manera más eficaz de lograr un buen enfoque en tu mercado, es conocer de manera objetiva cuál es la capacidad financiera de tu zona de mercado, de esa manera podrás crear lo estándares necesarios para llevar a cabo un negocio que resulte verdaderamente efectivo.

Todo lo mencionado anteriormente es el primer paso para poder iniciar un negocio no partiendo desde un sentimiento emocional, sino con bases científicas y objetivas, una vez haya logrado establecer tus propósitos propuestos anteriormente, debes dar el siguiente paso, es hora de elaborar una estrategia que resulte eficaz acorde con los datos recogidos por el primer plan.

Elabora un plan

Ahora requieres una planificación estratégica como acabamos de mencionar, debes basarte en toda la información que de manera rigurosa has logrado obtener aplicando cada uno de los concejos previamente señalados.

Lo primero que debes evaluar es el público objetivo de manera que puedas determinar cuál sería el medio más eficaz de llegar a cada uno de ellos y las propuestas financieras que debes tener a la mano para iniciar productivamente tu negocio, sin embargo esto es solo un pequeño paso, existen también una serie de consejos que te pueden orientar si estas iniciando y careces de mayores conocimientos en el área inmobiliaria.

- *Asesórate:* lo primero que debes hacer es aliarte a un mentor que cuente evidentemente con un alto nivel de experiencia para que te pueda orientar en los principios necesarios, las fortalezas y las debilidades del mercado en cuestión y así absorber todo el aprendizaje que requieras de tu nicho.
- *Alista tus herramientas:* indudablemente la tecnología es la primera herramienta que debe hacerse un asesor inmobiliario, el

equipo computador y un teléfono celular en los tiempos actuales es absolutamente necesario para tener un buen seguimiento de tus posibles clientes.

- *Desarrolla tu imagen:* debes tener ya elaborado en tu mente lo que será tu imagen corporativa, por ello debes pensar desde ya en construir tu marca personal, para ello debes confiar en un buen equipo de diseñadores y asesores de marketing que te ayuden a elaborar la estrategia publicitaria acorde con tus necesidades.

Tener una marca personal es un punto clave ya que ella será el rostro de tu empresa, pero no solo esto, tener una marca personal te brindara beneficios altamente positivos:

- Genera impacto positivo y le brinda credibilidad a tu empresa.
- Te ayudara a crear tu propia comunidad basada en aquellos que se identifican con tu propuesta de acuerdo a sus propias necesidades.
- Es un fiel reflejo de la personalidad que quieres impregnar en los demás.

- Te ayuda a meterte en el mercado, de manera que te conviertes en un referente en el nicho que estas manejando.

- *Inicia una difusión:* una vez alcanzado el propósito anterior comienza a crear toda la bulla que sea necesaria, ahora es preciso empezar a contactar a tus potenciales clientes y empezar a impactar a toda tu zona y comunidad con tus fantásticas propuestas y soluciones a los problemas o necesidades inmobiliarias de estos.

Tener presencia on line

En medio del contexto histórico, cultural y económico en el que nos encontramos inmerso, seria sino iluso, una enorme pérdida de tiempo no aprovechar esta inmensa herramienta que nos brinda la era tecnológica, los beneficios que ofrecen esta herramienta como por mencionar alguno, la rapidez y la economía, se hace sin duda alguna una de las herramientas más versátiles para lograr tu objetivo, estas son algunas de las ventajas que te puede brindar hacer uso del marketing de tu empresa a través de la herramienta más útil de la modernidad como lo es internet.

- *El alcance es enorme:* una de las ventajas indudablemente de este medio es su carácter universal, solo necesitas evaluar cuál es tu mercado objetivo y en ello te enfocas sin importa la distancia horario, idioma ni ninguna otra barrera, todo está resuelto.

- *Capacidad de segmentación:* como ninguna otra herramienta comunicacional en la historia, lograr segmentar tus intenciones publicitarias es una enorme ventaja, ya que debes enfocar todo tu esfuerzo y las posibles inversiones en campañas en el sector preciso que quieres llegar, es decir, estamos en la era de atacar solo a mi público objetivo y dejar de perder tiempo en aquella metodología de lanzar la red en cualquier parte a ver que se pescaba, con esta herramienta puedes ir directo al grano.

- *Puedes medirlo:* sin duda otro de los grandes beneficios pensando en ahorro y efectividad es la capacidad de medir la efectividad de tu campaña en tiempo real, de manera que sin gastar toda tu inversión puedes observar si de verdad estas siendo efectivo y detener para reorientar la estrategia de tu campaña.

- *La economía:* la multiplicidad de mecanismos

y medios a través de la web que puedes utilizar te permiten elegir incluso cuanto quieres invertir en tu campaña publicitaria, con buen manejo de un conocimiento promedio aunado a la orientación de un especialista en la materia, estamos hablando que puedes realizar campañas publicitarias desde cero en inversión hasta el costo que tu o tu presupuesto decidan, pero lo más importante con un alto nivel de efectividad.

La versatilidad de este medio para realizar tu campaña efectiva, a fin de darle un crecimiento efectivo y sustentable a tu proyecto de bienes raíces, proviene de la multiplicidad de herramientas a través de la cual podrás llevar a cabo este propósito:

- Un blog bien estructurado o página web, cabe destacar que en este sentido también la inversión podría ser muy baja, ya que se encuentran versiones interesantes, si bien algunas podrían salir gratis también encuentras opciones muy económicas y altamente profesionales a tu disposición.
- Redes sociales, sin duda las consentidas del momento, con una buena estrategia y buena

asesoría, puedes crear contenidos con esta herramienta que te ayude a posicionarte en el nicho que estas ocupando.

- Posicionamiento web, es decir aumentar el posicionamiento de tu página a través de un mecanismos conocido como "SEO" (search engine optimization), esto se logra a través de contenido adecuado para que se convierta en los primeros resultados de los motores de búsqueda on line.

Son estos solo unos pequeños ejemplos de la capacidad y versatilidad que te puede otorgar el uso de la herramienta más poderosa en la actualidad para colocar a tu empresa a sonar dentro del mercado.

Marketing inmobiliario on line

En primer lugar aclaremos una cosa, ¿Qué es marketing?; pretender iniciar un negocio en el dominio que sea, requiere indudablemente entender, y más aún, dominar este término como la palma de su mano, es que, es el marketing la compañera de vida que llevara tu empresa a posicionarse en el mercado y convertirte definitivamente en competencia, el marketing se trata de la serie de técnicas que tienen como objetivo lograr de manera efectiva la comercialización de tu producto.

Los métodos de estrategias del marketing, han sido diversos durante la historia, sin embargo como hablamos hace momento, la estrategia que mueve el mundo de los negocios en la actualidad es el marketing a través del mundo web, esto por los motivos que acabamos de mencionar son la mejor opción que puedes tener, se dice muy popularmente en la actualidad que el que no está en internet en realidad no existe, sin duda existen otros métodos que podrían ser efectivo de acuerdo a tu público objetivo, pero sin duda, es este medio a través del cual vas a lograr objetivos en mejor tiempo y con mayor efectividad.

Captación de inmuebles

Esta es tu materia prima, es tu fuente de ingresos, entonces debe empezar cuanto antes a realizar la captación de esos inmuebles que se convertirán en el medio con el que efectivamente comenzaras a monetizar en este nicho, a fin de cuenta todo se trata de eso, monetizar, de manera que es momento de ponerte manos a la obra, presta atención a los siguientes consejos.

- *Elabora un buen plan:* no es realmente

productivo lanzarte a la calle a pescar sin un plan estratégico, define tus metas, piensa en tus objetivos claros, y en función de esos objetivos avanza.

- *Se selectivo:* estar iniciando en el negocio podría plantearte una tentación de aceptar cualquier propuesta sin evaluar los pros y sus contras, evalúa con detalle cada una de las propuestas hechas y elige aquellas que se ajustan a tus objetivos y metas específicas.

- *Concéntrate en las personas:* el inmueble es un objeto inanimado que no te aportara en sí mismo, el verdadero aporte está en el dueño del inmueble, de manera que debes concéntrate en él, debes ser un estratega para lograr una buena negociación que se ajuste a los estándares del mercado pero que te brinde el mayor dividendo posible.

Por ultimo debes desarrollar una imagen de confianza con el dueño del inmueble, podemos llamar esto la post-captación, diseña una estrategia de comunicación y mantén a tu cliente al tanto de todos los pormenores del inmueble y de los progresos de tu negociación, haz lo que sea necesario para que este pueda tener la garantía de que puso su propiedad en las manos indicadas.

Para ello se hace necesario mantener un programa semanal de trabajo que incluya este tiempo de mantener contacto y sobre todo desarrollar una gran empatía con ambas parte de tu negociación, toma en cuenta todos estos detalles, y prepárate para triunfar en este maravilloso negocio.

3

LAS VOCES DE LOS EXPERTOS

Una de las maneras de minimizar la posibilidad de errores en este negocio y en cualquiera definitivamente es escuchando la voz de los expertos, por ello, vamos a dedicar este apartado para evaluar los consejos de algunos gurú del mundo de los bienes raíces cuyas experiencia indudablemente puede resultar altamente positivas y enriquecedoras en nuestro camino hacia el éxito en este negocio.

Tai lopez

Tai lopez es un excéntrico emprendedor, su gran experiencia en el mundo de los negocios le da una gran fortaleza a la hora de enseñarnos algunos consejos prácticos para este tipo de negocios, aunque él mismo confiesa que antes del negocio inmobiliario ya estaba inmerso en otros tipos de negocios (tema que podríamos tomarlo como un consejo) no deja de mencionar las bondades del negocio inmobiliario.

Su principal consejo es que puedes iniciar dentro de este mundo con poca inversión, de hecho ha elaborado una estrategia en la cual puedes adéntrate dentro del mundo de bienes raíces sin dinero que, según cuenta éste, ha servido y dado grandes resultados a muchos de sus seguidores.

"comience con poco y no utilice todo su dinero" aconseja el magnate, de acuerdo a sus mismas palabras, nadie puede asegurar que en su primera negociación tuvo su mejor resultado, es completamente necesario aprender cosas puntuales como, aprender a leer contratos, asesorarse lo más que pueda con un equipo de especialistas, y desarrollar un ojo clínico para amarrar los mejores negocios, en todo caso esto solo viene como producto de la experiencia.

Grant Cardone

Tras salir de una rehabilitación por su adicción a las drogas, este ahora multimillonario del mundo de bienes raíces, construiría todo un verdadero imperio en tan solo cinco años.

Este apunta a no renunciar a tus sueños, pero sobre todo debes pensar en grande, tener una mente estrecha según la opinión de este magnate, será una ocasión perfecta para mantenerte en la banca dentro de este juego de negocios altamente productivo.

Tom Hopkins

Autor de uno de los libros más importantes en el mundo de las ventas "¿Cómo dominar el arte de vender? Su historia es verdaderamente edificante, con apenas 27 años de edad se convirtió en un completo millonario, y ya a los treinta era uno de los más importantes entrenadores de ventas para bienes raíces en los estados unidos.

Este aporta un consejo maravilloso, *"niegue su ego"*, de acuerdo a la visión de negocio de este fantástico empresario, se debe anteponer la necesidad del comprador antes que los interés de las ventas, dicho de otra manera, no se trata de otra cosa que desarrollar empatía, *"vender es un servicio"* asegura el empresario, de manera que no habría posibilidad de emprender dentro del mundo de las ventas con éxito garantizado, salvo de entender su misión en tal posición, es un servidor.

Phil Pustejovsky

Este grandioso empresario del mundo de los bienes raíces aporta uno de los consejos que ya de forma somera hemos mencionado antes, en primer término entender todo lo relacionado con la economía, pero además de esto tener un mentor es uno de los principales consejos del mencionado empresario, no ahondaremos más en esto ya que hemos hablado de esto antes.

4

COMO GANAR DINERO EN ESTE NEGOCIO

*E*ste es el punto central de todo este asunto, ganar dinero es el objetivo fundamental de todo negocio, por ello es preciso que ahora pongamos especial atención a las diferentes maneras en las que podemos monetizar a través de este nicho, como es el mundo de los bienes raíces.

Poder hacer este negocio productivo se hará realidad prestando especial atención en cuál es la condición en la que estés iniciando dentro del mundo inmobiliario, la rapidez siempre va a depender de tus propósitos y del nivel de inversión en el cual tengas la capacidad de invertir con el fin de ver todo tu esfuerzo traducido en dinero.

Vamos a analizar primeramente las maneras en que,

de manera normal este negocio puede brindarnos beneficios, vamos a enumerar las tres principales y luego evaluaremos como ya hemos mencionado, las maneras que puedan significar ganancia desde la óptica de tu capacidad de inversión.

- *Ingresos pasivos:* esta es la primera y más practica manera de obtener buenas ganancias dentro de este mercado, se trata de la inversión en algún bien con el fin de alquilarlo y de esa forma obtener un ingreso pasivo cada mes, este tipo de inversión tiene como virtud que lo puedes realizar con cualquier tipo de bienes:
- Viviendas habitacionales.
- Pisos compartidos.
- Pisos de oficinas.
- Lotes de terrenos.
- Parqueaderos para autos.
- Casas o cabañas con fines vacacionales.

Incluso uno de los métodos de bienes raíces que se ha puesto en prueba los últimos años se trata del aprovechamiento de las temporadas festivas de cada ciudad o temporadas vacacionales, que pueden servir para alojar el conjunto de personas que por motivos de las fechas puedan visitar la ciudad en la que se encuentra asentada dicha vivienda.

Este modelo de inversión tiene como uno de sus beneficios que con los gastos del alquiler puedes incluso utilizar el "apalancamiento financiero" con el cual podrás realizar otra buena inversión en el negocio para continuar con la expansión sin tener que comprometer tus ahorros; haciendo un buen negocio y valorizar de buena manera el bien en cuestión podrías incluso generar la cuota para cancelar los costos de la hipoteca.

Podrías realizar esta operación en repetidas oportunidades y de esta manera asegurarte la expansión de tu negocio en el mundo de los bienes raíces.

Otro de los beneficios que aporta este estilo de trabajo en el nicho que nos ocupa, es que genera buena rentabilidad de manera inmediata, y cuentas con un flujo de dinero que te permite honrar tus compromisos bancarios de manera oportuna.

Por otro lado, a diferencia de cualquier otra inversión, el beneficio de esta es que se trata de un rubro que muy difícilmente caiga en un proceso de devaluación, por el contrario el área de bienes raíces va cobrando valor a medida que pasa el tiempo.

- *Bienes de revalorización:* esta se trata de otra maravillosa modalidad para hacer dinero a través de bienes raíces, se trata de hacer un estudio de tu mercado para poder encontrar las propiedades que estén en venta, de acuerdo claro está, a su presupuesto y condiciones de dicho bien, la opción aquí algunos la denominan efecto engorde, comprar a bajo precio, esperar que esta adquiera mayor valor y luego vender.

- *Administración de propiedades:* una manera también muy utilizada para generar ingresos a través del negocio inmobiliario es esta, no se trata ahora solo de la adquisición de bienes, también podrías convertirte en un asesor administrativo y encargarte de todo lo relacionado de gastos y servicios que una propiedad puede tener, como pago de servicios, y monitoreo de asuntos técnicos de la vivienda, tal como servicio de energía, el servicio de agua, etc.

- *Fondos inmobiliarios:* en esta modalidad de trabajo, el inversionista hace lo propio directamente con empresas que se encarga de desarrollar proyectos inmobiliarios a manera de sociedad, luego de que se desarrolle el proyecto obtendrá las utilidades que arroje el proyecto en cuestión, pese a que esto antes era llevado a cabo solo para grandes invenciones como edificios, oficinas u otros, más adelante se consideró también la idea de hacer estas inversiones en el sector vivienda por lo altamente competitivo y el crecimiento exponencial del negocio en la actualidad.

- *Inversión de remates:* esto ya lo hemos hablado anteriormente de forma un poco superficial, sin embargo requiere ser muy resaltado ya que este sistema es muy atractivo por ciertos elementos a considerar.

Uno de los beneficio de este tipo de negocios es que ya el bien en cuestión y su regularización administrativa ha pasado por el banco, lo que significa que ya todos los papeles están al día, esto ahorra un enorme esfuerzo que podría requerir en el caso contrario.

- *Subarriendo de espacios desocupados:* esta forma de negocios te permite sacar provecho de aquellos espacios de tus propiedades que reciban poco o nulo uso, estamos hablando de áreas como garajes, sótano, área de piscina, anexos entre otros, de hecho es una buena manera de iniciar en este tipo de negocios ya que requiere muy poca inversión para llevar a cabo el proyecto y te puede servir como medio de ir liberando tu economía de algunos gastos de manera que puedas ir optimizando tu economía.

- *Compra venta:* evidentemente esta podríamos llamarle "la reina de la casa" es la modalidad quizás más aplicada sobre todo al momento de iniciar dentro de este negocio, en este caso se trata solo de enfocarte en las áreas que puedas identificar como de más alta demanda, y que de hecho se encuentren relativamente cerca de espacios públicos, es preciso ser muy precavido y hacer un buen estudio de los posibles prospectos, además de hacer un justo análisis de las normas que regulan el mercado inmobiliario en el contexto geográfico en el que pretendes llevar a cabo tu proyecto.

5

MITOS Y VERDADES DEL NEGOCIO DE BIENES RAÍCES

*A*l igual que cualquier aspecto de la vida diaria, el tema de bienes raíces no escapa de alguna serie de quizás prejuicios, o quizás ideas erróneas pre elaboradas en la mente de algunos que podría llevar de manera casi irremediable a elaborar alguna forma de creencias falsas respecto al tema de bienes raíces.

Mientras tanto nos tomaremos un par de líneas para elaborar de manera bosquejada esas posibles serie de ideas falsas respecto al tema de bienes raíces y a su vez ir derribando esas barreras ideológicas que podrían estar causando consecuencias negativas en tu psiquis, respecto a la posible idea de emprender un proyecto o modelo de negocios que incluya la negociación inmobiliaria, veamos en primer lugar los mitos de los que hablamos.

Se necesita mucho dinero

Este es definitivamente la más frecuente, sin duda que requería estar en la primera posición de esta lista, es que uno de los más grandes mitos que podría surgir (y con razón) respecto al tema de bienes raíces es este, y es que la misma apariencia que aporta el negocio es pie para que surjan ideas como las descritas, podríamos decir que de alguna manera podría ser algún tipo de discriminación inconsciente que puede estar generando este negocio.

Resulta que el negocio inmobiliario ha sido como una especie de salvación para muchos, y ha brindado la enorme oportunidad de que muchas personas logren salir de una rutina financiera verdaderamente caótica, gracias al negocio inmobiliario han podido incluso acumular muchas fortunas, a esto me dirijo cuando hablo sobre la posible discriminación, negocio como el inmobiliario que genera tan buenas ganancias de seguro requiere un maletín repleto de dólares para poder formar un buen negocio.

Aunque es cierto que lo ideal sería que aquel que vaya a invertir en el negocio de bienes raíces debería tener un buen capital para poder hacer una buena inversión, siempre existe la posibilidad de poder adquirirlo a través de créditos hipotecarios, desde luego, hay que ser sumamente cuidadoso y asegurarte que la deuda que vayas a adquirir con el banco pueda ser cubierta con los ingresos que genere el alquiler de dicha vivienda o propiedad.

Por otro lado, la infinidad de modalidades que existen para ingresar dentro del mundo de los bienes raíces abren aún más el abanico de oportunidades para que con poco o cero capital comiences a dar pasos necesarios dentro de la industria, y logres así posicionarte dentro de este maravilloso negocio.

Hay que esperar el mejor momento

Esta premisa es una de las más comunes, siempre estar a la espera de que el mercado mejore es el camino que no llega a ningún lado, ya que es evidente que en realidad se trata más de un problema de enfoque que otra cosa.

No es mentira que hay circunstancias en algunos momentos que podrían resultar desfavorable para el negocio de cualquier ámbito, por ejemplo tener en cuenta la salud económica del país, una lectura eficaz sobre los datos económicos futuros, el comportamiento del mercado inmobiliario, sin embargo, más que fijar la atención en la circunstancia, lo correcto debería ser fijarse en la estrategia aplicada para lograr el objetivo deseado.

Pero lo cierto de todo es que nunca es mal momento para ingresar en el mundo de los bienes raíces, ni para pensar en invertir dentro de este sector, en realidad todo va a depender de la estrategia que apliques y sobre todo que dicha estrategia sea la más adecuada para el momento en que pienses aplicarla, de resto podría no ser otra cosa que procrastinación.

El ingreso por arriendo cubrirá todos los costos

Es una observancia un tanto peligrosa de este negocio, sin embargo se tiene que analizar muchos factores en este sentido que pueden ser determinante al respecto, por ejemplo, el tipo de hipoteca que recibes, valor de las cuotas incluyendo la tasa de interés, pero más allá hay que tener un especial cuidado en los pagos extras, no enfocar bien la mirada en cada detalle podría incrementar el número de pagos extras que se te podrían ir acumulando.

Además del crédito hipotecario existen gastos por varios conceptos, como pago de impuestos por la vivienda, servicios y reparaciones constante para evitar el deterioro de la propiedad, servicios públicos y todos aquellos que podrían ir variando de acuerdo a cada situación particular del país donde te encuentres y sus reglas de juego particular para el negocio de bienes raíces.

Pueden existir muchos mitos en este sentido sin embargo queda de cada cual hacer una justa evaluación de cada una de las premisas que se digan, y asumir la correcta posición ante ello, debemos recordar que no siempre algo que la mayoría repite tiene necesariamente que ser verdad, por esta razón no podemos fiarnos de creencias populares y se debe en todo momento ser muy objetivos a la hora de tomar decisiones en el campo de la inversión; ahora veamos algunos principios o verdades respecto al negocio inmobiliario.

La administración de propiedades es clave para la inversión inmobiliaria.

Sin duda que este punto representa una verdadera importancia, cuando hablamos de negocios, inversión con propósitos de crecimiento empresarial, debes darle la mayor seriedad posible al asunto, es decir, no debes tomarte nada a la ligera, debes considerar manejar todo con la mayor seriedad posible.

La mejor recomendación en esta dirección podría ser dejar en manos de empresas especializadas en este ámbito la administración de tu o tus propiedades, ya que estos tienen mucha experiencia en situaciones de riesgos en temas de arriendos, manejan buena cartera de clientes y puede ayudarte a realizar negocios de alta conveniencia para ti, además de esto algo importante es que crean reglas justas para llevar con buenos términos los asuntos de tus propiedades.

La administración de propiedades se trata de un largo proceso

En este orden de ideas, debes tener la conciencia para saber que ingresar en el negocio de bienes raíces no se trata de fórmulas mágicas que te den resultados milagrosos de la noche a la mañana, requieres tener una actitud correcta en este sentido, desarrollar un carácter paciente y sobre todo inteligente es de vital importancia, y esto porque debes tener un plan claro y objetivo que te permita seguir una estrategia con metas y objetivos muy específico y caminar día tras día en función de la consecución de tus objetivos de manera oportuna.

Desde luego, hay que ser claros en que todo esfuerzo brinda buenos resultados, también hay que ser consciente que todo camino emprendido lleva consigo la posibilidad de enfrentar grandes obstáculos, por eso debe estar muy atento y tratar de tener siempre un plan para enfrentar de manera oportuna todas y cada una de las situaciones que podrían presentarse.

Invertir es una estrategia fácil para monetizar

En efecto, siempre será una buena opción hacer inversiones estratégicas que generen buen ingreso, pero además de ello, una inversión en propiedades siempre puede servir como aval para poder satisfacer alguna premura que el negocio tenga, si por ejemplo deseas hacer una mayor inversión por asuntos quizás de oportunidades, una opción viable va a ser vender alguna de tus propiedades para resolver los asuntos económicos.

6

COMPRA DE PROPIEDADES EN VERDE Y EN BLANCO

*U*n detalle importante a la hora de hacer inversiones en el mundo de bienes raíces como en cualquier otra área está fundamentalmente lo que acabamos de mencionar el capítulo anterior, se trata de tener estrategias que puedan optimizar el proceso de inversión y sacar de hecho la mayor ganancia posible a muy bajos costos, de esto se trata las compras de propiedades en blanco y en verde.

Propiedad en blanco

Esta modalidad puede tener consigo algunos riesgos, pero indudablemente puede significar también una gran oportunidad, aunque monetizar con esta inversión podría darse a largo plazo, la verdad de todo esto es que los beneficios objetivos podría darse inmediatamente y no sería otro que la oportunidad de adquirir a muy bajo costo la propiedad para tu negocio.

Una propiedad en blanco no es otra cosa que el compromiso adquirido ante un proyecto de construcción que está solo por el momento en papeles, pero no es solo el proyecto como tal sino que ya tiene cierto camino recorrido lo que le genera cierto nivel de confianza al comprador, específicamente por lo general se estaría solo esperando la aprobación del permiso de edificación y el inicio del mismo.

Sin embargo pese a los riesgos que podría generar este tipo de compra los beneficios que otorga son verdaderamente atractivos, el primero y más significativo de los beneficios de la compra en blanco podría ser indudablemente la posibilidad de acceder a la propiedad a muy bajos costos, mientras más avanza el proyecto, el valor de la propiedad se va incrementando, de manera que acceder al negocio en las primeras etapas del proyecto te garantizará obtener un buen precio.

Sin embargo esta no es la única ventaja, al comprar en blanco cuando se trata de conjuntos grandes bien sea residenciales, comerciales o del ámbito que sea, el cliente tiene la oportunidad de elegir la propiedad de mejor ubicación, acceso a estacionamientos y ese tipo de detalles maravillosos.

Compras en verde

Por su parte comprar en verde se dice cuando ya la construcción está en proceso pero aún no está terminada, mientras menos avanzada se encuentre esta, más económicos podrían resultar los costos de compra, aprovechar este modo de compra te da además la posibilidad de tener más posibilidad de aprovechar el tiempo para cancelar la primera cuota del crédito hipotecario.

Ambas modalidades podrían traer como ya he indicado la posibilidad traer consigo algunos riesgos como la demora del proyecto, aspectos legales con los permisos, u otro elementos que puedan llevar a detener la obra de manera parcial o total, pero sin duda que los beneficios que contiene son mayores y pueden significar una magnífica oportunidad para iniciarte en el mundo de bienes raíces.

Los beneficios que otorga esta modalidad podrían incluso estar descrito en el apartado de las "compras en blanco" ya que por las características podrían asumir los mismos beneficios, lo único que distancia una modalidad de la otra se trata solo del avance que tenga la obra a la hora de la adquisición, costos bajos, oportunidad de elegir la mejor o más grande casa, la ubicación de la misma, los privilegios por temas de ubicación respecto a parqueo, piscinas u otro elemento que puede significar plusvalía en la adquisición de la vivienda.

7

CARACTERÍSTICAS DE UN EXCELENTE AGENTE DE BIENES RAÍCES

*I*ngresar en este magnífico proyecto, ya hemos dicho en otros capítulos que no se trata de algo improvisado o netamente empírico, por el contrario, todo este negocio está bien estructurado, y existe como casi en ningún otro modelo de negocios, toda un edificio de estudio preparación y consejos que puedan llevarte a cumplir la meta de convertirte en un excelente agente inmobiliario y no morir en el intento.

Por ello hay una serie de cualidades y características que debes tener claras y arrojarte en pos de ella para desarrollar esa capacidad maravillosa de ofrecer y en efecto vender productos inmobiliarios, asegurándote el menor margen de error posible, alguien dijo una vez *"si no estás cometiendo errores es que no estás avan-*

zando, pero si estás cometiendo los mismo errores es que no estas aprendiendo".

La manera más segura de minimizar los errores indudablemente es haciendo todo aquello necesario para desarrollar las cualidades que se requieren para convertirte, no solo en un buen agente inmobiliario, pero más que eso en el mejor agente inmobiliario, nadie nació con la capacidad absoluta de desarrollar de manera espontánea y natural un negocio y garantizarse el éxito rotundo, por lo general y de manera casi absoluta podríamos asegurar que debes prepararte y desarrollar esas cualidades

Desarrolla tus destrezas administrativas

De hecho ya hemos mencionado esto anteriormente, incluso decíamos que la administración de bienes podría ser un largo camino por lo cual había que desarrollar muy bien la paciencia, sin embargo solo será tu buen conocimiento y gran manejo de los principios administrativo que lograras desarrollar e ir acortando los caminos a través de los cuales puedas garantizarte mayor rentabilidad en este maravilloso negocio.

En cualquier tipo de empresa de la naturaleza que esta fuere, el buen procedimiento en el área administrativa es completamente vital, el uso de estos principios podría librarnos de estar improvisando en momentos difíciles dentro de la estructura empresarial.

Uno de los renglones que requiere más cuidado y que podría resultar tener mayor regulación por las estructuras legales de algunos países puede ser este, por esta razón es vital tener en cuenta desarrollar la mayor destreza posible en estos ámbitos para evitar cometer errores en los procedimientos administrativos que puedan más tarde traducirse en pérdida de tiempo y dinero.

Aprende a desarrollar tareas comerciales

Luego de bastante hablar y mucho decir, llegamos a uno de los puntos neurálgicos de este negocio, se trata del arte de vender, todo esto consiste en que sepas posicionar tu producto en el mercado, y puedas crear los medios necesarios para que tu potencial cliente este convencido y en definitiva este convencido que el mejor negocio que él puede realizar es comprar el producto que tu estas ofreciendo.

Entonces, no solo saber de procesos administrativos y realidad del mercado, sino que también es una tarea vital aprender a conocer los pasos necesarios para efectuar de manera exitosa la venta de tus propiedades, esta es la parte divertida de este negocio y es aquí donde surge la magia, el placer de llevar a cabo todo tu potencial para vender de manera exitosa tu producto.

Estas tareas pueden ir desde la forma de establecer contacto con las personas, hasta la plataforma o mecanismo utilizado para mostrar tu producto; el desarrollo de conocimiento en el marketing digital es igualmente vital, pues como ya dijimos antes es uno de los medios más utilizados del momento para acceder a buenos proceso de negocio y comercialización; y todo esto culminaría con la importancia de como cerrar un buen trato de negocio.

Ser atento y buscar nuevos clientes

No solo en el área de bienes raíces, sino en cualquier negocio de cualquier dominio que emprendamos, requiere prestar especial atención en los detalles que por pequeños que parezcan pueden marcar la diferencia y significar la pequeña línea entre el éxito y la pérdida de tiempo, que si no se le aplica el debido cuidado podría significar la bancarrota definitiva.

Como ya hemos mencionado antes, el prestar especial atención en el ámbito administración es de vital importancia, pero ojo, nada llega por sí solo, todo es producto de una serie de conocimientos y destreza de alta importancia para llevar una carrera de verdadero éxito dentro del mundo inmobiliario.

Prestar especial atención en aspectos como por ejemplo, las novedades en asunto de regulación, posibles cambios en las estructuras legales, pero más allá, respecto a tu trabajo dentro del negocio, no puedes quedarte dormido, debes estar pendiente del surgimiento de nuevas empresas en el área y sus estrategias de trabajo, las formas, etc., es que esto podría estar deteniendo el desarrollo de tu propia empresa, poner mucho cuidado en nuevas propiedades, por los medios que estos vengan, es importante contar con colaboradores dentro de las estructuras bancarias que puedan mantenerte informado de posibles subastas, remates y así por el estilo tratar de cubrir todos los flancos que garanticen estar dentro del juego inmobiliario exitosamente.

Importancia de la empatía

Como ya habíamos mencionado antes, ser un vendedor y desarrollarlo de la mejor manera tal y como lo aconsejaba uno de los magnates del negocio de bienes raíces Tom Hopkins, vender bienes raíces es un servicio, por ello debes enfocarte más en solucionar necesidades de los clientes que en vender, aunque ciertamente el punto central de este negocio visto desde tu punto es vender, la otra cara de la verdad es que desde la óptica del cliente se trata de cubrir una necesidad y es esa la forma correcta de ver las cosas.

A la medida que te enfoques más en cubrir su necesidad que en un deseo compulsivo por vender, el arte mismo de vender se va llevando a cabo solo, la empatía puede ser tu mejor aliado en el negocio de ventas de bienes raíces.

Además de todos estos consejos podríamos, si se quiere, recordar otra serie de aspectos positivos que ya hemos visto de forma somera, que se pueden agregar a la lista de cualidades que sin duda requerirías al momento de convertirte en un agente inmobiliario, por ejemplo la buena destreza en el conocimiento de aspectos legales y/o jurídicos, ya que como hemos mencionado la regulación de estos aspectos puede variar de un contexto a otro, tanto geográficos como del tiempo, una ley puede ser objeto de reforma así que debes estar muy pendiente de estos detalles.

Sobre todas estas cosas tu imagen es un detalle

sumamente importantísimo, desarrollar una imagen tanto personal como corporativa de confianza es vital, el mercado debe saber de ti, debe saber de tu honestidad y compromiso dentro de este mercado, para que así puedas asegurarte un éxito indudable en el mundo fantástico del negocio inmobiliario.

CONCLUSIÓN

El fantástico mundo de los bienes raíces pudo haber está oculto en tus propias narices, es un negocio que podría estar desarrollándose frente a ti, mientras que quizás buscabas con mucho ímpetu en que negocio podrías invertir para salir de la burbuja de la comodidad, y decidir de una vez por todas ingresar en el mundo de los negocios, y no solo por contar con el beneficio de ser tu propio jefe, sino más aun, llevar a cabo el proyecto que podría darle un vuelco definitivo a tu vida y convertirte en una gran empresario, y seguramente de acuerdo a tus propias limitaciones mentales podrías incluso llegar a convertirte en un millonario exitoso, todo depende ti.

La observancia clara de las características maravillosas de este excelente negocio tal y como lo mencionamos en estas líneas, te puede dar luces clara de los beneficios que ofrece incursionar en este fantástico mundo de las ventas, sí, claro está que requiere de una especial atención y una profunda preparación, pero eso en un mundo como el actual, no representaría para nada un obstáculo para una persona que esté dispuesto a desarrollarse dentro del negocio de bienes raíces, por ello podría asegurar entonces que no se trata de un obstáculo para ti.

Sin embargo asegurarte ese éxito del cual hablamos, se hace preciso que te hagas eficazmente consciente de cuáles serían las claves fundamentales para poder triunfar dentro de este mundo, no existe posibilidad de éxito en un negocio que antes no nos tomemos el tiempo preciso para estudiar y dedicar el mayor tiempo posible en su proceso de aprendizaje, como ya mencionamos, se trata de aprender los principios, esos pequeños detalles que son los que sin duda pueden marcar la diferencia entre el éxito y el fracaso.

De todos esos consejos y claves de los que hablamos, una en la que debería estar pensando ya llevar a cabo por ser tan importante es la presencia en el mundo del marketing digital, un aporte importante en esta ocasión seria recordarte que quien no se encuentra en el mundo web en este momento, se dice que "no existe", de manera que debes des conceptualizar tu imagen mental de aquella empresa de stands en un centro comercial y repartir volantitos informativos y tríptico cargados de colores y dibujos interesantes y llamativos.

No estoy de ninguna manera desvirtuando ningún método de marketing, estos y otros métodos podrían ser útiles y aplicables para ciertas campañas pero definitivamente no es la manera en el contexto histórico que estamos viviendo, de llegar más lejos en tu propósito de crecer corporativamente.

Debes entonces prestar especial atención en los consejos que puedan tener para ti en este mundo aquellos expertos que ya tienen un amplio recorrido dentro del fantástico mundo de los bienes raíces, y asegúrate de esta manera cuales son las formas más eficaces de hacer dinero en el mundo inmobiliario, lo opuesto a esto podría ser como un peleador que cierra los ojos y comienza a lanzar golpes al azar, a ver si podría contar con un poco de suerte y atinar algún golpe que pueda darle la victoria, ¡así no se pelean campeonatos!.

Parte de esa buena pelea consistiría, sin duda de librarte de esas ideas que creerías consejos reales y que en realidad podría tratarse más bien de mitos y fabulas que en lugar de ayudarte a salir adelante, podrían más bien ser una suerte de grillos que te sobrecarguen de peso y no te peritan avanzar de forma exitosa, por ello lograr tus objetivos van a depender de tu seriedad a la hora de emprender, considera con mucho cuidado todas y cada una de las palabras mencionadas en este apartado y asegúrate "cómo dominar el negocio de bienes raíces".

www.ingramcontent.com/pod-product-compliance
Lightning Source LLC
Chambersburg PA
CBHW031909200326
41597CB00012B/560